무릎 위에 핀 것들

김영혜 시집

도서출판 실천

무릎 위에 핀 것들

실천 현대시선 110

초판 1쇄 인쇄 | 2025년 9월 22일
초판 1쇄 발행 | 2025년 10월 2일

지 은 이 | 김영혜
발 행 인 | 이어산
기 획 · 제 작 | 이어산
발 행 처 | 도서출판 실천
등 록 번 호 | 서울 종로 바00196호   등록일자 | 2018년 7월 13일
　　　　　 | 진주 제2021-000009호 등록일자 | 2021년 3월 19일
서울사무실 | 서울특별시 종로구 율곡로 6길 36
　　　　　　 02)766-4580, 010-6687-4580
본사사무실 | 경남 진주시 동부로 169번길 12. 윙스타워지식산업센터 A동 705호
　　　　　　 055)763-2245, 010-3945-2245 팩스 055)762-0124
편 집 · 인 쇄 | 도서출판 실천
편 집 장 | 김성진

ISBN

값 12,000원

* 본 시집의 구성 및 맞춤법, 띄어쓰기는 저자의 의도에 따랐습니다.
* 이 책은 전부 또는 일부 내용을 재사용하려면 저작권자와 '도서출판 실천'의 동의를 받아야 합니다.
* 이 책의 국립중앙도서관 출판예정도서목록(CIP)은 서지정보유통지원시스템(http://seoji.nl.go.kr)과 국가자료종합목록시스템(http://www.nl.go.kr/kolisnet)에서 이용하실 수 있습니다.
* 잘못된 책은 교환해드립니다.
*　　　　　　　본 도서는 경남문화예술진흥원의 일부 지원을 받아 발간했습니다.

무름 위에 핀 것들

김영혜 시집

■ 시인의 말

겉은 단단해 보여도
어느 틈에 속은 물러 있다.

여린 자리가 생기고
곪아드는 순간도 있지만
그 자리에 힘을 굳혀 살아난다.

말이 넘쳐나는 세상에서
품을 이루는 침묵은
나약함이 아니라
삶을 지탱하는 단단한 뼈대다.

무름 위에 피워낸 새살이
당신의 길 위에 닿아
따뜻한 숨구멍이 되기를 바란다.

2025년 가을 김영혜

■ 차례

1부
시리우스의 밤

물구나무 선 양심	13
무릎 위에 핀 것들	14
관계의 중앙선	17
손안의 블랙홀	19
궁디 하나쯤은	20
신작로를 넘던 등	21
한 끗 차이	23
필수과목	24
그 여름의 자국	26
시리우스의 밤	28
베어낸 날, 그 그늘	30
같은 시간 다른 속도	32
나는 현역이다	34
걸려도 또 걸리고	36
짝 없는 낮잠	38

2부
하루를 통과하는 법

뭐가 무섭노 45
남는 장사 46
하루를 통과하는 법 47
잘린 귀들 49
시간의 정원 51
중심을 향하여 54
청구서 56
터벅함과 바삭함 58
여덟 조각의 심리전 60
흰 돌이 사는 법 62
별일 없는 날들 속에 66
회색의 자리 68
기워진 존재 69
되살아 나는 밤 71
첫 김 72

3부
간단한 심장

맞이한다는 건　81
숭늉 같은 삶　83
끈　85
그 많던 쥐는 어디로 갔을까　87
간단한 심장　89
약손　91
거품을 걷고 나면　92
언어의 행적　94
여덟 번의 빈집　95
가면 뒤의 가면　97
룬데리 앞에서　100
찢어진 공갈빵　101
식탁 위에 놓인 생　102
그럼에도　104

4부

숨은 이빨

발효 중입니다　112
도깨비방망이　114
숨은 이빨　116
나는 쓰였다　118
감꽃 두 개　120
들르게 되는 곳　122
하늘만 아는 이야기　124
틈　126
견우와 직녀　127
닻별이 되자　128
섬 하나　130
0도와 1도 사이　132
이유가 있다　134
무한 리필　136

해설　138

1부

시리우스의 밤

물구나무 선 양심

뿔쇠똥구리 한 마리
둥근 똥을 힘차게 굴리다
낯선 녀석과 마주친다

슬쩍 발을 걸치자
다툴 법도 한데
더듬이만 내저으며
순순히 자리를 내어준다

세상엔
하고많은 똥이 널려 있고
그 똥 쇠똥구리가 있어
거름이 되고
씨앗처럼 흙에 묻혀
초록을 키워낸다

작은 몸이
자연의 순환을 거들 때

나는 세상을 위해
어떤 몫을 더하고 있나

슬그머니
물구나무를 선 채
거울 속을 들여다본다

무름 위에 핀 것들

양파 껍질을 벗기니
겉은 멀쩡한데
속은 이미 썩어들고 있다

세상을 견디는 일이
수월치 않았는지
문드러진 심지가
진물을 흘리고 있다

성한 조각 골라
새콤하고 짭짤한 단맛을
적절히 섞어 끓인다

알싸함을 얹어
하얀 속살 위로
뜨거운 장물을 부으면

양파의 물러진 삶이

다시 아삭아삭
혀끝에 되살아난다

적막이 묻은 식탁 위에
침 고이는 생기를 올려놓는다

누구의 손길이
내 안에 물컹해진 부분을
이토록 되살려줄 수 있을까

우리는 그렇게
무른 속살에 양념이 배듯
다시 살아난다

관계의 중앙선

220V 너의 콘센트에
110V 나의 플러그가 꽂혔다

가슴팍을 찢는 섬광
머리끝까지 뻗은 격류

허락도 없이 맞물린
서로의 감정선
감전보다 먼저 충돌이 번쩍였다

벼락 한 줄기
정통을 꿰뚫고
스파크 사방으로 튀었다

전압의 차이로
두 심장은 엇박으로 뛰었고
닿을 때마다 서로를 밀쳐냈다

그늘 속에선 햇살이 사치였고
햇살 속에선 그늘이 불편했다
생각이 달랐을 뿐인데
틀렸다고 믿었다

다름
그 다름을
받아들였더라면
이 소란도
마음 한 가운데 터지는
불꽃놀이가 되었을 텐데

손안의 블랙홀

띵동
107번 고객님 안 계신가요

은행에서 순번을 잊고
병원에서 아픔을 잡아먹히고
화장터에서 슬픔이 증발한다

커피숍에선 대화가 끊기고
건널목에선 신호를 건너뛰고
지하철에선 눈빛이 시선을 잃는다

틈만 나면 숙인 고개는
사각지대 속에서
현실을 망각한 채

각자의 알고리즘 주파수 속
끝없는 나선에 빨려든다

손안엔

입 벌린 블랙홀이 있다

지구를 통째로
집어삼킬지도 모른다

녹색 화살표를
찾아야 한다

궁디 하나쯤은

참외 궁둥이에
이빨 자국이 콱
뻥 뚫린 구멍에
여름 햇살이 들었다

볼 터질 듯 부풀던 수박
매운 말만 골라 하던 고추
줄자 들이대 길이 재던 오이
퍼드덕 놀라 나자빠진다

잠잠하던 텃밭이
와글와글 수군거린다

달콤한 향이 퍼졌던 모양이야
벌이 종일 윙윙거렸지
코를 벌름대며 두더지가 얼쩡댔는데

범인은 나타나지 않고
참외 궁디 한복판엔

푹 파인 미스터리 하나

텃밭이란 원래 그런 곳
눈 깜짝할 새
뽑히고 잘리고 따인다

세상이란 밭도 매한가지
말 못 할 시샘에 긁히고
뜻밖의 관심에 베이고
다녀간 계절에
얼룩져 버린 마음

그때
딱따구리 한 마리
텃밭 귀퉁이에 푯말을 박는다

텃밭에선 궁디도 조심하자
어쩌면

우리 모두
궁디 하나쯤은
물려본 사람들인지도 모른다

신작로를 넘던 등

물항아리 뒤엎듯 쏟아진 비
하룻밤 사이
온 동네 이름 모를 사연들
물살 위로 띄워 휩쓸었다

대문을 넘은 빗물에
아껴 신던 운동화
광나도록 닦던 솥단지
돼지 울음까지
소쿠리에 올라타
신작로를 따라 둥둥 떠내려갔다

아이고, 누구 좀
옆집 할머니가
대문 앞을 동동거리다
우리 집으로 달려왔다

희야 아부지요, 물이 들이칩니더

소아마비로
한쪽 다리를 저는
옆집 할아버지 떠올리며

아버지는
마당의 흙 포대를
우리 집보다
그 집 대문부터 막았다

허리까지 찬 물 속에서
쌀가마니 끌어올리던
아버지의 등엔
빗발이 못질하듯 흘러내렸다

그날 저녁
젖은 옷에서 풍기던 냄새는
비 때문만은 아니었다
이따금
수재민 뉴스를 보다 보면

문턱을 넘던 고무신처럼
붉은 황토물이
기억에 넘실거린다

내 안엔
아버지의 등 하나
아직도 남아 있다

한 끗 차이

걸쭉하게 엉긴 하수구에
얼굴 내민 고마리꽃

위태롭게 얹혀
좀체 떨어지지 않는 발끝

움츠러든 몸에서
비켜선 다리가 뻗어 나온다

악취 속에서도
수백 가닥 뿌리를 밀어
썩은 어제를 비집고
오늘을 피워 올린다

기억마저 잊힌
도심의 한 귀퉁이
가장 낮은 자리에 심긴
작은 꽃 무리

서로를 씻겨낸다

세상을
꽃밭으로 바꾸는 건
한 끗이었다

필수과목

어둠을 깎아 먹으며
적막 속으로 모여든
검은 그림자
칭칭 감겨 버둥거린다

아침이 오자
밤의 굴레는 풀리고
일그러진 얼굴 위에
생기를 덧발라
아무 일 없다는 듯 나선다

불쑥 들이닥친 공포에
헐벗은 영혼을 떠밀며
순례길을 찾기도 하고

멀쩡한 무릎 꺾어가며
백팔 번뇌 끊는다는 핑계로
도망치듯 걷는 길

그것은
외로움이었다

완전 소멸이 아닌
불완전 잠복 속에서
다시 떠올라
살아 있음을 증명한다

어쩌면
삶에서 반드시 치러야 할
필수과목인지도 모른다

더 이상
거부하지 않기로 했다

그 여름의 자국

모내기 나간 어머니 대신
깻잎 대야를 이고
새벽 번개시장에 들어섰다

"깻잎 좀 사이소."
목을 넘지 못하는데
때깔 곱고 향 짙은 어머니의 깻잎
몰려든 손길에
값도 후하게 매겨졌다

발걸음 뜸해지고
얼추 동날 무렵
멀찍이서 담임을 닮은 분
아니, 진짜 선생님이었다

심장은 깻잎처럼 팔랑거렸고
나는 소리 없이
시장 모퉁이로 숨어들었다

비둘기호 완행열차에 올라
집으로 돌아오는 길
선생님이 날 알아봤을까 봐
머릿속은 이미 학교에 가 있었다

시끌벅적한 기차 안
내 또래로 보이는 여고생들
카세트 속 희망 사항을
입술마다 물고 있었다

체육복 차림에
고무 대야를 차고앉은 나는
여름 땡볕에 달궈진 돌처럼
양 볼이 활활 타올랐다

산달이 찬 어미 소처럼
느릿느릿 기어가던 기차는
속을 다 태우고서야 멈췄다

부끄러움인지
자존심인지 모를 것들이
턱밑에서 뚝뚝 떨어졌다

손바닥이 가마니가 되도록
흙을 파먹고 살아온 어머니
자식들만은 그 길 걷지 않게
자나 깨나 빌던 모습이 떠올라
서럽도록 뺨을 타고 흘렀다

그날의 흔적
세상 높은 벽 앞에서도
선로를 벗어난 순간에도
당신의 굳센 뿌리 위에
다시 선다

시리우스의 밤

먹점 찍힌 종이처럼
이름도 붙지 않은 별
암흑에 박혀 있다

수십 수백억 년 떠돌다
겨우 닿은 별
가녀린 빛을 품어낸다

성큼
또 다른 별이 자리를 틀자

모여든 별들
점점 몸 온도를 높이며
서로의 얼굴을 물들이고
형형색색 타오른다

무리 속
가장 빛나던 시리우스는

꽁꽁 언 지구의 밤하늘로
뛰어든다

사람 사는 세상
벌집 속처럼 웅성이며
저마다 부서질 듯한 가슴에
비밀의 문 하나 달고 산다

아무도 모르게
밤마다 창문 넘어와
서리 핀 심장을 훔쳐낸
시리우스

서늘하게 패인 속골에
퀘이사 한 알 심어준다

무너지지 말라고
빛의 심장에 서라고

베어낸 날, 그 그늘

모퉁이를 돌자
수양버들이 팔을 잃고 서 있다

한 줄로 드리운 그늘
예고 없이 뚝 잘려 나간 듯

물기 어린 초록 잎
길바닥에 흩어지고
늘어진 가지들
트럭에 실려 나갔다

너무 무성하면 불편하죠
관리인의 말 뒤로 보았다

그 무성함에 머물던 걸음
소음마저 잠재워주던
점자 같은 풀벌레 소리

바람이 분다
자르지 않아도 흩어지는 것을
우리는 너무 자주
서둘러 정리하려 든다

내 무심한 일상

같은 시간 다른 속도

디지털 세대는
첫 화면 속 메시지로 눈 뜨고
이모지 하나로 기분을 전하고
팔로워 수에 따라
하루 온도를 가늠한다

발품보다 손품
설명서 보다 후기
실물보다 이미지에 반응한다

젓가락 들기도 전
스토리에 사진이 올라가고
다듬지 않아도
자동 완성된 말 속에서
손끝마다 열린 정보
당당히 미래를 설계한다

아바타 속 내가

진짜 나를 잊게 한다

나는 아날로그다

저녁연기 속
어머니 손끝 따라
반찬거리를 다듬었다

라디오 선율에
사연을 실어 보냈고
테이프 되감다 끊긴 곳마다
노랫말로 밤을 메우곤 했다

삐삐 번호 접힌 쪽지
동전 쥔 손보다 떨림이 먼저
공중전화 앞에 줄을 섰다

생활기록부 첫 장

장래 희망란 앞에서
하고 싶은 건 있었지만
쓰고 또 지웠다

이질감이 생기는 것도
무리는 아니다

같은 시대
각자의 언어
각자의 속도로 건너간다

그 간격 속에서
우리는
다정하게 엇갈리며 공존한다

나는 현역이다

맨땅 드러난 골목
전봇대 밑에서
해거름 바람을 더듬는 분꽃처럼

구겨진 원고지 등고선 따라
조이고 매만져
한 줄씩 시간을 눕힌다

터져 나온 언어의 껍질
서툰 단어로 꿰매어
글줄 속으로 옮겨 넣고

날것과 익음의 경계
반짝임과 흐릿함을 오가며

내 안에 틀어박힌
원형의 심지
벗기고 또 벗겨낸다

가장 낮은
가장 낯선 나를
펜촉으로 긁어내
행 간에 매달아 본다

사라지지 않기 위해
생의 언저리에 도드라진 것들
기억하고 새기며

문장의 불 앞에
지독히도 앉아
잿더미 속을 뒤적인다

걸려도 또 걸리고

여보시오
내 말 한 자락 들어보시오

바닷속 미로를 휘돌며
여덟 팔로 호령하던 시절이 있었소

시시각각 뒤집히는 파도 결 따라
아슬아슬 춤을 추다
아주 잠깐 눈 한번 비비는 새
홀라당 그물에 걸렸지 뭡니까

꼼짝없이 끌려 올라가
숨이 턱 막히는 순간
겨우 정신을 부여잡고 보니

아 글쎄
몸뚱이 박박 닦더니
연신 사진을 찍어대는 게 아니겠소

대왕문어였던 내가
엉겁결에 강원도 고성의
명물이 되는 순간이었소

호랑이는 죽어 가죽을 남기고
사람은 죽어 이름을 남긴다는데
나는 둘 다 남겼으니

용왕님도 그 공을 높이 사
다음 생엔 범고래쯤으로
환생시켜 줄지 누가 알겠소

느글느글한
그물에만 안 걸렸어도

남쪽 바다 어디선가
기똥차게 살았을 것인데
아이고야
대왕문어 신세가

어쩌다 이리되었는지
멸치 떼도 깜짝 놀랄 일 아니겠소

앗,
잠깐만
저것은 또 뭣이요

짝 없는 낮잠

빨랫줄에
짝 잃은 양말

어디로 갔나 뒤적이다 보면
어김없이
세탁기 속에 찌그러져
달라붙어 있다

저도 잠시 쉬고 싶어
숨어든 줄도 모르고
굳이 짝을 찾아다녔다

우린 늘
누군가 곁에 있어야만
온전하다고 착각한다

2부

하루를 통과하는 법

뭐가 무섭노

오빠야
내 좀 살리도
퍼뜩 와 봐라 퍼뜩

고래고래 지르는 소리에
온 동네 냄비뚜껑 들썩이던 날

화장실 가다
장독대 난타하는 장맛비에
쭉 미끄러져
두 손바닥 짚는 순간

물컹한 솜뭉치
꿈틀거리며 손에 잡혔다

놓아둔 쥐약을 먹고
숨 깔딱이던 생쥐가
고슴도치처럼 보였다

양철지붕 토끼집에
풀 넣다 말고
헐레벌떡 달려온 오빠

쥐꼬리를 꽉 잡고
뱅글뱅글 돌리더니
변기통에 툭

이게 뭐가 무섭노
퍼뜩 볼일이나 봐라

남는 장사

언젠가는 쓰일 거라 여겨
수납장에 쑤셔 넣은 물건들
쿰쿰한 냄새가 고개를 든다

입혀질 날 기다리며
옷걸이 자국만 남은
트렌치코트

먹을 때 있겠지 하며
냉동실에 얼려둔
이름 모를 검은 봉지

나아질 것이라 믿으며
속으로만 맴돌던 관계

버리자니 아깝고
안고 가자니 버거운
나름의 의미를

부여하며 살아왔지만

다 비워내고 나면
남는 건
알맹이다

필요한 것만 남겨도
모자라지 않는 것이
인생이라는 장사

하루를 통과하는 법

하늘을 오르는 것도
빛을 쫓는 것도 아니다
다섯 번 알람에도
떨어지지 않는 몸 일으킬 뿐

무엇인가 잡으려 하지만
쥐고 있는 건
아기 젖병 물 듯
놓지 않는 휴대폰

날갯짓은
가볍지도 자유롭지도 않다
버스 손잡이에 매달린 팔이
진작부터 날개였다

회의에서 꾸벅 졸다
책상에 이마 찍는 순간
열정적인 발표로 둔갑한다

부유는
높이 나는 게 아니라
카드 포인트로 건져 올린
소시지 하나의 묘수

어제 남은 건
칼로리 전쟁이 남긴 깃발
1+1 행사에
넘어간 장바구니

매일
우리는 통과한다

지하철 문에 낀 배낭처럼
구겨져도 끝내 들어간다

잘린 귀들

말씀 좀 여쭙겠습니다
은하철도999는
어디에 있나요

낯설고 휘황한 별의 거리
번쩍이는 간판 너머
알 수 없는 신호음
나는 덜컹 발을 굴린다

같은 햇살 아래 서 있지만
아무도 들으려 하지 않고
누구에게도 나는 들리지 않는다

저마다의 신호로
귓속을 꽉 채운 사람들
이어폰의 우주 안에서
서로 다른 위성처럼 떠다닌다

조립된 도시
인조인간 속에서
미끄러진 나는
어깨에 떠밀려
어딘지도 모를 건널목을 건넌다

말씀 좀 묻겠습니다

호주머니 속
잘려 나간 귀들이
호로록
쫑긋거린다

시간의 정원

작약 봉오리 타고
오르내리던 개미
가만히 들여다보다

채송화 옆구리 돌아
수국의 푸른 등을 스치고
제이줄나비 따라가니

어디선가 익숙한 향기
수수꽃다리 꽃잎에 걸려
달빛 아래 너를 부르던
오래전 속삭임

여름이 털어낸 그리움 흩어져
어디쯤 다시
너의 사랑 피고 있는지

중심을 향하여

도시의 껍질에 꽂힌 햇살
스며들지 못한 채
뚝뚝 부러져 튕겨 나온다

푹신한 흙은 사라지고
온통 콘크리트로 덮인 세상
빛은 표면만 스쳐 되튀고
여름은 사납게 숨을 헐떡인다

긴 꽃자루 밀어 올리는
질긴 생 하나 바닥을 뚫고 있다
저 질경이 뿌리
어디서부터 왔길래

쇳덩이 바퀴에 갈려 나가고
발자국에 찢겨 으깨어져도
더 넓게
씨앗을 흩뿌리며

제 몸 나침반 되어
세상의 중심에
던지는가

청구서

구멍 난 양말 속
발가락까지 들여다보며
시 한 줄에 매달려 사는 내게
청구서 한 장이 날아왔다

눈꺼풀을 걸어 둔 채
밤낮없이 써댄
분량만 해도 몇 트럭
그 종이 대느라
숲은 나무를 내주었다지

나무에 깃든 온기
종이 위에 서걱거리고
화면에 찍힌 냉기 먹은 글자
스르르 숨어든다

시를 읽지 않으면
눈에 가시가 돋아 견딜 수 없고

자꾸만 다음 시집을 기다린 탓에
고심 끝에 날아든 문구

제주 오지의 발자국 없는 길
사하라 사막 억만 개의 별까지
나의 시가 닿는다면

그 길 위에 펼친 종이
또 다른 생의 무늬를 새긴다

한 줄의 기록은 길이 되고
뿔뿔이 흩어진 마음 맞닿아
땅 저편까지 언어의 다리를 놓는다

종이 한 장
시대의 심장을 두드린다면
천 장 만 장
기꺼이 쓰리라

터벅함과 바삭함

넉넉히 기름 두르고
김밥에 달걀을 덧입히면
가장자리 노른자
잔거품 일으키며 익어간다

조금은 과하다 싶게
윤기를 더해야
겉은 바삭 속은 촉촉하다

사는 맛도 다르지 않다
기름기 빠진 원칙
뻣뻣한 목덜미는
어깨를 무겁게 짓누른다

유연함을 빼고 굽다 보면
퍽퍽한 맛이 나듯

내가 만든 척도는

얼마나 많은 인연을
밋밋하게 지나쳐 왔을까

맞물려 도는 톱니바퀴에도
윤활유가 필요하듯
관계에도
담백한 기름이 필요하다

차의 온기로 말을 건네고
속을 데우는 밥 한 끼가
푸석한 마음 찰지게 한다

틈새마다 바른다
그랬구나, 그럴 수도 있지

오늘도
지글지글

여덟 조각의 심리전

예상 시간, 37분
띵동

아무거나 먹어 난 상관없어
말이 떨어지자마자
눈동자들이 움직인다

피자 위를 스캔하는 정밀 레이저
치즈의 밀도 토핑 분포 포획의 각도
욕망의 레이더망이 가동된다

2시 방향
치즈는 범람 직전
베이컨은 평균의 2.4배
올리브는 무작위 폭격 수준이다

왕의 조각은
먼저 집는 자의 것이다

손을 뻗는 순간
너 그거 먹어
멈칫
함정인가 배려인가

소스만 흘러나온 조각을 들고
나 이거 좋아, 바삭한 엣지
속으론 운다

너는 왕 토핑 조각을
짭짭 꿀꺽
그건 승자의 태연이다

다 똑같은 피자인데 뭐
그건 패배자의 체면용 대사

막판 밀당의 한 조각
너 먹어

아냐 너 먹어
아 그럼

진짜가 드러나는 순간은
면접도 고백의 순간도 아니다
그 한 조각을 두고
양보하는 척할 때다

피자 한 판은
여덟 조각 짜리 욕망 시뮬레이터

치즈보다 끈적한 건
손끝의 망설임
도우보다 얇은 건
우리의 체면

흰 돌이 사는 법

돌이 굴러들었다

자리를 굳히기도 전에
속을 감춘 거머리들
경건한 얼굴로 다가와
질척한 혀끝을 들이민다

시각 잃은 세상 속에서도
제 안을 연 돌은
본디의 정수를 꺼낸다

거머리들
그 침묵 믿음으로 섬기며
탐욕으로 부풀다가

질끈 감은 눈
끝내 허기만 남기고
어둠 속으로 사라진다

흰 돌은
파고든 상처의 밑바닥까지
기꺼이 내려가 머문 뒤
고요의 깊이만큼
빛을 밀어 올린다

별일 없는 날들 속에

괜찮아 보다
온기 묻은 머그잔을
내 앞에 척 둘 때

같이 걷다
말이 뚝 끊겨도
정적이 전혀 어색하지 않을 때

비바람 몰아치는 날
우산보다 먼저
몸을 기울여줄 때

내가 울고 싶을 땐
먼저 울지 않고
내가 웃을 땐
더 크게 웃어
슬픔이 뻥 터질 때

많은 말보다
맨 나중까지 곁에 있어 주고
한 줄 메시지가 늦게 와도
기다림이 서운하지 않을 때

그런 마음은
특별한 날에 생기는 게 아니라
별일 없는 날들 속에
문득 고맙단 말이
먼저 나올 때

그게
우리 사이의 이름이지

회색의 자리

검정도 흰색도 아닌
회색이었다

등 뒤에서 말 바꾸고
누구 곁에 설지
눈치를 보며 정했다

옳은 말 앞에서는
눈 피하고 귀 닫은 채
주머니 속
손은 꺼내지 않았다

그릇된 일 앞에서는
물잔으로 시선을 가리고
전화기 너머로 뒷걸음쳤다

눈빛으로 입장을 흘리고
표정으로 편을 나누어

냄새처럼 퍼지는
회색의 공기

그때 알았다
회색은 무색이 아니라
힘의 옆구리에 서서
책임을 비껴가는 색이라는 걸

검정은 적어도
정면으로 맞서고
흰색은
아니라고 말이라도 한다

그러나 회색은
내가 쓰러진 뒤
가장 먼저
낯선 얼굴로 돌아선다

목판처럼 새겨진
기대라는 글자를
오래 파내며 알았다

숨겨둔 내 안의 틈에도
회색이 자라날
자리가 있다는 걸

기워진 존재

감정 표현이 서툴러
냉랭한 기운이 서렸다

촉박한 시침 속에 매여
다정한 말 한마디 건네지 못한
일상의 언어는
사포처럼 맨살을 스쳤다

일에 치여 허덕이며
성실만 다짐하던 동안
서로의 마음은 굳어갔다

눈발이 내려앉은
하얀 척추를 보고서야
삶의 무게가 한쪽으로
쏠린 줄 알았다

상실은

끝내 표현되지 못한 순간
어긋난 궤도에 멎어
빈자리로 남았다

채워지지 않는 공백 속
청동빛 기둥을 세워
무너짐을 붙들었다

우린 상실로 부서졌지만
그 조각 서로를 꿰매어
다시 살아가는 존재

되살아 나는 밤

내 다리 내놔라, 내 다리
하얀 소복 입고 절룩이며
텔레비전 속에서 금방이라도
걸어 나올 것만 같던 귀신

보자기 뒤집어쓰고
처녀 귀신 흉내 내던 오빠는
고사리순처럼 오므린
와들와들 떨던 내 발끝을
확 잡아당겼다

전설의 고향이 끝나면
어김없이 화장실 가는 오빠
손전등 들고 문 앞을 지킬 때면
무릎이 저절로 딸각딸각 부딪혔다

귀신이 나올까 봐
달 달 무슨 달, 쟁반같이 둥근달

혼잣말로 깜깜한 하늘에
북두칠성을 그려 넣었다

화면 속에만 있는 게 아니었다
컴컴한 부엌 틈
서늘한 벽장 구석
빨간 종이 줄까, 파란 종이 줄까
변기통에서도 튀어나올 것만 같았다

마당을 수놓던 반딧불 빛
베갯머리까지 스미던 달빛
눈썹 위로 내려앉던 별빛도
이제는 보이지 않아

가슴 한가운데 멍석을 펼쳐
손전등 불빛 따라 흐르던
그 여름밤
모깃불 피워 올리듯 되살려본다

첫 김

불을 켰다
새벽 네시

왼손으로 국을 젓고
오른손은 장화 꿰며
문밖 눈더미를 떠올린다

불빛 한 점 없는 길 위
언덕 오르내린 발자국들
발목까지 밴 추위가
가게 문 열자 황급히 들어왔다

어어 춥다
사장님, 국물 넉넉히 주세요
새벽 배송을 끝낸 기사님
오늘의 첫 손님이다

난로 옆에 벗어둔 장갑

방금까지 쥐었던 무게 풀며
한숨 돌리듯
따스함에 기대고 있다

후
첫 숟갈 넘기자
손끝이 먼저 풀리고
얼어붙은 웃음이 녹으며
썰렁한 공기가 금세 데워졌다

잘 먹었습니다
허리 곧추세우며
눈길로 걸어 나갔다

그가 딛고 간 발자국 뒤로
만두 찐 김
하얗게 풀어 놓았다

3부

간단한 심장

맞이한다는 건

다져진 땅을 열고
마른 퇴비를 섞었다

토마토 가지 옥수수
모종을 잔뿌리 한 가닥
다치지 않게 고이 앉혔다

풀포기에 불과한
모종 하나에도
이토록 품을 기울이는데

하물며
사람과 사람이 만나
자리를 내어주고
뿌리 내린다는 건

내 안의 세계와
또 다른 세계가 마주 앉는 일

온 우주를
통째 건네는 일

숭늉 같은 삶

갓 지은 밥
묵은지 한 자락 얹어
시래기 된장국으로
속을 푸는 동안
뭉근히 끓어오르는 숭늉

그냥 되는 게 아니다
누룽지를 팔팔 끓여야
숟가락 없이도
세상 말 술술 넘기는
후식이 된다

한 톨씩 모인 시간의 긴장
눌어붙은 하루의 틀
부식되지 않는 기억
굳은 근육의 표정

속이 파인 가마솥에

망각의 생수를 붓고
말랑하게 삶아
후루룩 넘겨야 한다

그래야
살아내 진다

끈

서로 다른 언어
엇갈린 궤적을 지닌
낯선 별 둘

사랑 한 알로 만나
서로 닮은 또 하나의
여린 생명을 품에 안았다

작은 숨결이
스스로 빛을 낼 수 있도록

뿌리 내린 나무처럼
받쳐 주는 아버지 되고
인내의 고름을 짜내는
어진 어머니 되어야 했다

그러나
한 길로만 온 것은 아니었다

말의 리듬이 어긋나 마음을 긋고
활처럼 휘어진 감정이
침묵의 벽을 세운 날도 있었다

시간을 덧대어 기다리며
용서의 깊이를
배운 날도 있었기에

서로를 놓지 않은 손길로
마침내 엮어낸
그 이름
가족

그 많던 쥐는 어디로 갔을까

매끈히 닦인 바닥
파우더 룸까지 딸려
하루에도 몇 번씩 들리는 곳

살균된 듯한 흰 조명 아래
버튼만 누르면
감쪽같이 흔적을 지우는
신기한 물건이
떡하니 자리를 차지했다

코를 막고
엉거주춤 앉았던
어린 시절의 변소

어둡고 무서우면서도
정겨웠던 그곳이
가물가물 불빛을 켠다

바람만 스쳐도
삐걱대던 나무문
귀엣말하듯 찍찍거리던
소리는 사라지고

말끔히 닦인 타일 벽에는
기억도 소리도 냄새도 붙지 않는다

콩알만 한 눈망울을
쉴 새 없이 굴리던 쥐 한 마리
갑자기 뛰어들어 작은 심장을
쿵
떨어뜨리기도 했는데

그 많던 쥐들은
다 어디로 갔을까

간단한 심장

밤을 구겨
너에게로 간다

꽃잎처럼 눌린 마음
여백에 번진 눈물 한 방울

풀밭에 쪼그려 찾아낸
네잎클로버 한 장 꽂아
빨간 우체통에 넣었다

발효된 그리움 봉해져
담장 사이에 꽂히길
심장 달구며 기다렸건만

이모지 하나
딸랑
춤추며 날아왔다

약손

버스에 오른 네 명의 신병
숨소리조차 멎은 듯하다

굳게 다문 입
단단한 눈빛
각 잡힌 어깨 위로
몸에 착 붙지 않은 군복이
어색하게 들떠 있다

그중 하나
기침을 하더니
이마가 불씨처럼 달아올랐다

멀리 집을 그리는 눈빛
시선 끝에 매달린 풍경
그리움의 열꽃이
온몸으로 번져간다

내 아들과 다르지 않은 얼굴
명찰에 새겨진 이름을
가만히 눈 속에 담는다

마음 같아서는
그 아이의 심장에
손바닥 얹어 주고 싶다

주사도
해열제도
처방도 필요 없는
엄마표 약손

거품을 걷고 나면

바다를 제 집 삼아
물길을 넘나들던 명태
멋모르고 그물에 들었다가
그만 동태가 되고 말았다

생을 다하기 직전까지
떼 내지 못한 욕망
끓는 물에 잠기고서야
거품을 물고 맹렬히 끓어올랐다

허울만 부유하는 세상
되감기는 생의 허기
얽히고설킨 모순 속
시퍼런 번뇌가 벗겨진다

게워 낸 집착
국자로 걷고 또 걷어야만
비로소 동태는

칼바람 데우는
얼큰한 국물이 된다

사는 일도 다르지 않다
식은 관계엔 미소하나 건네고
요동치는 감정의 비늘
가만히 다독여 잠재워야 한다

목 끝까지 차오른
옳고 그름의 생각 부레
터뜨려야 한다

어슬렁거리는 마음 그늘
덩이째 덜어내야 한다

쉿,

침묵 한 알 삼키면

송곳처럼 돋던 마음 누그러지고
곰팡이처럼 번진 원망 녹아내려
햇살 아래 미움의 이끼 허물어진다

천지사방에
평화의 꽃 피어난다

언어의 행적

오독 오도독
씹을수록
선혈 같은 말의 조각은
얇아진 마음을
자꾸만 찔러대고

잘려 나가지 못한 말끝
주먹만 한 매듭이 되어
숨통을 틀어쥔다

잘근잘근 씹을수록
톡 쏘는 맛
가라앉은 마음 일으켜
빳빳하게 깃을 세우고

깨어있는 말 한 줄기
빛을 달고 들어와
온기 없는 맥박을 데운다

익모초처럼 쓰디쓰면서도
혀끝에 달게 감기는 말

귓가에 싹을 틔워
어둡고 밝은 꽃을 매달고
가슴으로 흘러내린다

어떤 말의 거울이 되어
매일 지지 않는
물빛 꽃말이 될 것인가

여덟 번의 빈집

엎어놓은 그릇 물기를 잃고
숟가락도 입을 다문 부엌은
불 꺼진 채 바싹 말라붙었다

몸에서 뚝뚝 떨어져 나간
여덟 번의 상실은
내 안의 빛을 꺼뜨렸고
살결마저 쩍쩍 갈라졌다

눈두덩에 차오른 슬픔
가두려 할수록
더 거칠게 터져 나왔고

땀이 끓어오른 여름
방 안의 냉기는 갈퀴질하듯
마지막 간절함까지
차갑게 긁어갔다

이번만은
기필코 되리라 부풀던 기대는
점점 시들어 그늘로 주저앉고

혈관을 타고 도는 정적
감긴 눈 이대로
영영 떠지지 않기를 바랐다

밥값도 못하는 사람
엄마 노릇조차 못하는 사람

그 자책이
돌덩이처럼 등을 덮쳐올 때

괜찮아,
네 잘못이 아니야
단지
조금 둘러서 갈 뿐이야

파르스름히 떨고 있는
내 안의 빈방
작고 투명한 빛 한 알이
단단하게 속삭였다

가면 뒤의 가면

또각또각
겹겹의 얼굴이 모여든다

화려한 찻잔 속 홍차는
밀려드는 말들 속에서
온도를 잃어간다

늘었다 줄었다는 몸무게
묻지도 않은 여행지
반짝거리는 인증샷

부풀린 존재감에 기대어
겉치레로 덧씌운 웃음
속삭임으로 위장한 절규

짙은 외로움의 자투리다

밤새 심장을 죄던

빙침은 낮 빛에 녹아
감쪽같이 자취를 감춘다

왁자한 공기 속
먼지처럼 흩어져 떠돌며
서로를 알아보지 못한 채
가면 뒤에 숨어
집 한 채 지어 올린다

그 안엔
허전한 찻잔 몇 개
낯설게 바라보고 있다

룬데리 앞에서

눈부신 봄날의 정점
풀빛 결 위
핑크빛 층층이 어우러져

이름 부끄러워하지 않고
주저 없이 피어난
룬데리 파티타임
나는 잠시 숨이 멎었다

엄마에게도 룬데리처럼
그토록 환하던 시절이 있었던가

루주 하나 바르지 못한
색 잃은 입술
꾹 다문 채 삼킨 건
말없이 삭인 흔적

장미 향 분가루 두드리고

나팔바지 팔락이며
핸드백 하나 들고 나서던
그 봄을 잊은 채

광주리 옆에 끼고
호미 쥐던 젊은 엄마는
한 번이라도
망설임 없이 핀 적이 있었던가

세상을 다 준대도 바꿀 수 없는
엄마의 봄
자식들에게 죄다 퍼주고

마지막 한 방울까지
건조한 내 가슴에 털어 넣어
자잘한 돌멩이 틈으로
다시 솟는 첫물인 것을

찢어진 공갈빵

입담 좋고 목청 높은 네가
휙 지나가는 눈길을 붙잡는다

속엔 설탕 시럽
번지르르 바르고
한껏 부푼 배를 내밀며
진열대 맨 중앙에 올라섰다

얼굴 가득 주근깨를 묻혀
구석으로 밀려나
한입에 덥석 베어 물릴까 봐
지그시 눈을 감고 있는데

우아하게 부서져
입속으로 들어가
완벽히 포장된 입맛처럼
한껏 으스대고 있는 너

유난히 멋 부리며
집개에 매달려 옮겨지다가
퍽
땅바닥에 곤두박질치는 순간

나는
보고 말았다

속살 하나 없는
텅 빈 울림

식탁 위에 놓인 생

양 볼이 움푹 파인 남자
거무스레한 여자

청경채 적상추 적겨자
차곡차곡 포장된 쌈 채소를
트럭에서 내린다

눈곱만 훔친 얼굴
로션 바를 틈도 없이
뻣뻣하고 푸석해진 그들
어린 잎맥에 생기를 내주느라

남자였던 적도
여자였던 적도
없던 것처럼 무심한 손길로
손님에게 건네는 푸성귀

그들의 한 생이

내 고요한 식탁 위에 올라와
나를 말갛게 바라본다

한 입씩 먹을 때마다
그녀 얼굴에 물이 오르고
그의 오그라든 어깨가 펴지며
두 다리 끝에 고단함이 풀려난다

맑은 국물처럼
알 수 없는 고마움과 미안함이
숨골을 타고 미끄러져
내 안에 고인다

그럼에도

당신이 없는데
지붕 낮은 막걸릿집은
여전히 북적이고
밤은 기울기대로
흘러갑니다

당신이 없는데도
아침은 불두화 꽃잎에
소복이 이슬 올려
생기를 틔웁니다

어깨를 돌돌 말고
눈앞에 머물던 안개가
무게를 이기지 못하고
흘러내립니다

머지않아
개구리울음은 무성해지고

사과는 더 짙어지며
녹은 눈길 따라 고드름이 자라고
버젓이 새순이 솟을 것입니다

당신이 없는데도

4부

숨은 이빨

발효 중입니다

언제 나오나요
다 됐습니다, 거의요

쉼표 하나 옮기고
형용사 하나 덜었다가
다시 살짝 풀어본다

이쯤 되면
기도에 가깝다

항상을 느루로
두루를 고루로
숨 고르는 말로 바꿨다가
반듯한 줄기로 세웠다가
또다시 돌아온다

제자리지만 괜찮다
조금 더 고아졌으니

처음엔 가볍게
한두 단어쯤 고치려 했다
그러다 문장 하나 건드리고
제목 바꾸고
구성 바꾸고

산문시였던가
장르가 바뀔 뻔하기도 했다

그 사이 서점엔
갓 구운 빵 같은 종이 냄새
반짝이는 표지들이 진열대에 놓였다

속이 들끓을 땐
시의 뚜껑을 열었다가
시큼한 맛이 날까 얼른 덮는다

문장의 장독대 안에서

삭혀야 알 수 있는 맛
싱겁지도 체에 걸리지도 않아
소화도 부드럽다

묵은지처럼
톡 쏘는 시 한 권 꺼낸다

10년 묵힌
알배기 시입니다

도깨비방망이

손안의 비서 되어
난처한 순간을 슬쩍 넘겨주고

스크롤을 타고
꼬리 문 욕망은 무한 증식한다

말만 하면
세상의 온갖 것이
뚝딱 튀어나오는
신비한 물건 앞에

눈길도 시간도 마음도
속절없이 잠식당한다

손끝이 닿자
0.01초 만에
광고 속 유혹에 휘말리고

마법 같은 흡입구에 빨려
제 발로 들어간다

까끌거리는 눈
바싹 타는 목

잡아먹힐지도 모른다는
희미한 불안 속에서

오늘만큼은
풀린 고삐를 다잡아
묶어두려 했으나
다시금 들여다보고야 마는

푸른 눈동자

숨은 이빨

무심코 밟은
새까만 알갱이 하나
먹물 같은 피가 터졌다
그것은 진드기였다

돋은 살을 뚫고
혀를 찔러 넣고
바르르 떤 몸에
발톱을 더 깊숙이 박는다

갈빗대가 들썩일 때까지 짓눌려도
큰 소리로 울지 못하는 짐승처럼
그렇게 비명을 삼킨다

살가운 말 몇 마디에
정이라 쓰고
환대라 읽히는 얼굴
웃음 뒤 송곳니를 감춘 채

체온처럼 스며든다

떼어낼수록
더 강하게 배겨 들어
끝내 살점을 물어뜯고 나서야
겨우 떨어지는 진드기

사람 사이사이
진드기보다 더 집요한
포식자들로 들끓는다

뼛속까지 파고든
잇속의 갈퀴가
살결을 갉아 피를 빨아댄다

불구덩이에 던져 넣어야만
털처럼 타오르는 탐욕의 그림자

어쩌면 내 안에도
숨은 이빨 하나
도사리고 있는지 모른다

나는 쓰였다

발효된 고요
서슬의 파도를 몰고 온 혀
언어의 심맥을 찢어낸다

망각의 늪에서 기어올라
기억의 폐부 나를 덮친다

오는 것이 아니다

벼락처럼 낙하하고
번개처럼 터져
온몸을 집어삼킨다

나는
썼다

아니
쓰였다

감꽃 두 개

남의 집 마당에 있는
돌 하나
못 하나
절대 주워 오면 안 된다

잦은 감기를 달고 있어
초등학교 입학시켜 놓고도
마음이 쓰이셨던지

바쁜 농사일 미루고
교실까지 데려다주며
하신 어머니 말씀

그때는 알지 못했다

학교 가는 길목
파란 대문 넓은 마당에 핀
연노란 감꽃
우물 속 하늘에 떠 있다

나무 아래 떨어진 감꽃
목걸이 엮으려
허리 굽히던 순간

그 누구요

벌떡 일어서다
우물 뚜껑 모서리에
눈가를 찍히고 말았다

가슴이 철렁 내려앉고
온몸이 부르르 떨렸다

피 뚝뚝 떨어지는 손으로
꼭 쥔 감꽃
나처럼 울고 있었다

들르게 되는 곳

빨리 가면 아무도 없단 말이야
나 혼자라고
친구들 오려면 한참 멀었다고

엄마 소매라도 붙잡고
떼라도 썼으면
덜 쓸쓸했을 그 아이는

헐렁한 양 갈래머리 하고
편의점을 들어선다

삼각김밥 하나 들고
어정쩡하게 선 채
바깥을 멍하니 바라본다

가방을 대신 멘 엄마
칭얼대는 아이의 발걸음
나도 모르게 따라 걷는다

예고 없이 비라도 내리는 날엔
말똥하게 꽂힌 비닐우산 사러
부리나케 뛰어들던 곳

소소리 바람 불어
마음 안쪽 헐거워질 때면
따끈한 코코아 한 잔 찾던 곳

엄마 품 같아
자꾸만
들르게 되는 곳

하늘만 아는 이야기

습관처럼 헛디뎌지는 걸음에
내 존재의 모서리
조금씩 닳아가던 날

얕은 웅덩이에 발끝이 빠져
하루가 뒤틀린다

삐끗한 보도블록에 채여
넘어질 때면
왠지 내 탓인 것만 같아
눈가에 시림이 맺힌다

별일 아닌 척
툭툭 털고 일어서보지만
등 한쪽이 자꾸 기운다

누구에게 꺼내기엔 사소하고
혼자 품기엔 무거운 말

미완의 고백 하나
하늘에 걸어둔다

마음이 앉아 있던 자리
말이 흘러가도
부서지지 않을 곳

틈

수십 년 풍진 속에
금 가고 기운 담벼락
뒤틀리고 벌어진 입은
할 말이 많을 텐데

시간에 문질려
마음에도 실금이 가고
사람 간의 거리가 멀어져
나 또한
참으로 할 말이 많은데

시들고 싱싱해지는 것
박히고 뽑혀 나가는 것
매듭짓고 흩어지는 것
불쑥 드러내는 것에 대하여

숱하게 생겨난 틈 사이에
풀즙 같은 침묵을 바른다

견우와 직녀

반세기를 건너
다시 반세기를 지나
우린 서로
바라만 보며 살아왔습니다

치자꽃 향기 속에
스며 있던 봄날이
속절없이 피어오르면

어머니의 지붕 아래서
혼자 우다 욱다
끝내 목을 눌러
가슴에 앉힙니다

얼마나 더 돌아가야
나는 당신께
탯줄 같은 고향 소식
전할 수 있을까요

얼마나 더 기다려야
만화방창 이야기보따리를
풀어놓을 수 있을까요

기다리다
백발이 되어버린 내가
죄인입니까

끝내 기다리기만을
허락해 온 이 땅

이 땅이
죄인입니까

닻별이 되자

신발장을 열자
먼지 쌓인 운동화 한 켤레
구석에 앉아 있다

낡은 시간에 눌려 힘 빠진 모습
내 그림자 같다

처음부터
잘 걷는 신발은 없어
발과 발을 맞추어 같이 가자

해쓱해진 마음
꽉 동여매고
밖으로 걸어가 보자

말끝에 찔리고
시선에 도려져도
발목 옭매던 끈 풀어

날마다 새롭게 걷자

단단히 꿈을 매단 닻별처럼
어둠 속에서
더 밝게 빛나자

섬 하나

젊은 섬 하나
떠나간다

닿지 못할 내륙
몸 하나 뚝 떨어져
먼 길 실려간다

육지는
속을 앓으며
섬을 밀어내고

바다는
검은 물비늘을 펴
길을 연다

어어
어이여

끝내 끊어진 길

돌아보다 말다
하는 수 없이
멀어져간다

파문 하나 번지듯
물결에 쓸려가다
잔음처럼 바다도 운다

흙 한 줌
이름 하나만 안고
소슬히 등을 돌린다

0도와 1도 사이

잠시만요
그 바람 조금만 미뤄 주실래요
속살이 다 펴지질 않았어요

새근거리던 숨결
뿌리 속 몸 풀지 못했는데
겨울은 끝내
미련을 흩뿌리고 말았다

좀 내버려두지
저절로 피어날 꽃을

꽃보다 먼저 온 그 바람
묵은 침묵이 밀어 올린
첫 숨을
벌겋게 얼려 버렸다

비 한 줄기 내려

뻐근한 가지를 적셔주면
꽃심에 모은 꽃눈 하나
다시 올라올 텐데

드득
드르륵

지층의 흉곽이 열리고
긴 겨울의 껍질이 뒤집혀
시간의 막이 걷힌다

뿌리부터 터져 나온
견딘 자의 이름

이유가 있다

어서 오세요
몇 분이십니까
편안 자리에 앉으세요

둘레둘레 살피다
비어 있는 4인 식탁에
외따로 엉덩이를 붙인다

생수와 물수건을 내오던 주인
고개를 홱 돌리며
퉁명스럽게 말을 던진다
1인은 거기 앉으면 안됩니다

쭈뼛거리며 일어나
에어컨 옆에 낀 1인석
작은 몸을 밀어 넣는다

양해해 주세요

탁자 곁 벽에 붙은 친절한
문구 뒤에 숨은 잇속이
한 치 망설임 없이 드러난다

이른 새벽부터
김 서린 간판 아래
줄을 지어 선 이유가 분명하다

음식이 나오고
입에 넣자마자
질겅질겅 씹히는 그 맛이
모든 걸 대신했다

무한 리필

이미 삼킨 솔잎
다시 꺼내
우걱우걱 씹는 송충이

단맛 빠진 껌처럼
씹고 또 씹는 나
사는 게 다 거기서 거기지

무릎께 바늘구멍 나더니
등뼈 타고 올라와
가슴팍 긁으며 시작한다

재탕 삼탕
무한 리필 잔소리

꼬리에 꼬리를 문 생각
머리끝까지 치솟다가
사로잡힌 줄 댕강 끊어내고 보니

팍 삭은 낡은 고무줄
먼저 터진 건 허리춤이더라

지난 일도 지금 일도
된장 찍은 풋고추처럼
후딱 씹어 넘기고

땀 뻘뻘 흘리며
맵다고 호들갑 떨고 나니
별것 아니더라

살아지는 맛 있더라
리필은 덤이더라

■□ 해설

참다운 삶을 위한 지혜의 탐색

복효근(시인)

　김영혜 시인의 시는 삶을 지혜롭게 영위하고자 하는 탐색의 과정이라 명명할 수 있겠다. 지혜로운 삶이라고 하지만 공리적인 입장에서 계몽성을 표방하기보다는 시인의 눈은 자신의 내부 깊숙한 곳을 향해 있다. 불합리하고 부조리한 실존적 상황에서 시인은 문제의 원인을 외부에서 찾고 탓하기보단 스스로를 성찰하고 해답을 찾아가고 있음을 본다. 그가 시 쓰기를 통해 찾은 것은 그래서 삶의 지혜이고 작은 깨달음이라고 하겠다. 다른 누구를 계몽하고 설득하고 깨우치는 지혜가 아니라 우선은 스스로에게 하는 다짐이며 약속이다.
　많은 시편들이 먼저 자신이 경험하고 관찰한 외부적 상황과 사건을 그려내는 데서 출발한다. 세세한 묘사나 서술이 아니라 삶의 어느 국면을 상징할 수 있는 사건과 상황을 간략하게 포착하여 제시한다. 그다음 그 상황과 사건을 자신에게 투영시켜 거기서 깨달음과 지혜를 추출하는 방식이다. 이 깨달음과 지혜는 자신의 삶을 정화시키고 고양시키며 승화시키는 기제로 작용한다. 좋은 시가 그렇듯이 자신의 경험과 거기서 추출한 지혜는 감동의 형태로 독자에게 전달되어 굳이 계몽성을 띤 어조나 설득하는 방식의 어법을 사용할 필요가 없다. 종교적 깨달음이나 철학적 지혜가 아니라 하더라도 삶에서 직접 경험하고 관찰하고 사유한 결과로서 얻은 그것은 바람직하고 참된 삶을 추동하는 에너지가 되고 등불이 되기에 충분하다. 인간 세상을 포함하여 자연과 우주적 진리는 이 작은 지혜와 유리되어 있지 않다는 것을 시인은 시로써 간파해낸다. 시인은 일상적인 삶 속에서 미시적 세계를 그려내고 있으나 시적 진실은 거시적인 삶의 원리, 섭리와 닿아있음을 알게 된다.

뿔쇠똥구리 한 마리
둥근 똥을 힘차게 굴리다
낯선 녀석과 마주친다

슬쩍 발을 걸치자
다툴 법도 한데
더듬이만 내저으며
순순히 자리를 내어준다

세상엔
하고많은 똥이 널려 있고
그 똥 쇠똥구리가 있어
거름이 되고
씨앗처럼 흙에 묻혀
초록을 키워낸다

작은 몸이
자연의 순환을 거들 때
나는 세상을 위해
어떤 몫을 더하고 있나

슬그머니
물구나무를 선 채
거울 속을 들여다본다

「물구나무 선 양심」

  뿔쇠똥구리가 쇠똥을 굴리고 있다. 부지런하고 성실한 삶을 경영하는 생명체를 제유법적 소재로 채용한 것이다. 그런데 쇠똥경단을 굴리는 이 한 개체에 다른 개체가 소유권을 주장하고 나선다. 예상과는 달리 약탈자에게 순순히 그 쇠똥 경단을 내어준다. 인간이라면 약탈당했다는 피해의식 속에 다툼이 일어났을 터인데 순순히 내어준다. 그 결과 쇠똥경단은 여기저기로 굴러 퍼져나가 결국 땅속에 거름으로 환원된다. "세상엔/ 하고많은 똥이 널려 있고/그 똥 쇠똥구리가 있어/거름이 되고/씨앗처럼 흙에 묻혀/초록을 키워낸다." 소유욕망에서 자유롭지 못한 인간의 이기적인 속성을 돌아보게 만드는 대목이다. 쇠똥구리 "그 작은 몸이/ 자연의 순환을 거드"는 것이다. 쇠똥 경단에서 영양소를 취하고 나머지는 흙으로 돌아가 거름이 됨으로써 초록생명들이 자라게 한다는 순환원리를 표현하고 있는 것이다.

앞서 말한 대로 시인은 이러한 외부적 사건이나 상황을 먼저 그려내고 그다음 자신에게로 시선을 돌린다. "나는 세상을 위해/어떤 몫을 더하고 있나" 하는 부분이 바로 그것이다. 쇠똥구리의 생태에서 자연의 지혜, 섭리를 간파하고 이를 자신에게 투영하는 것이다. 시인은 묻는다. 이 물음은 자신의 삶에 대한 성찰이며 반성적인 사고라고 하겠다. 그래서 "슬그머니/ 물구나무를 선 채/거울 속을 들여다본다" 물구나무를 선다는 행위는 자신의 가치관을 뒤집어 살펴본다는 의미다. 물론 거울을 들여다본다는 행위는 성찰의 의미를 가진다. 자연에서 얻은 지혜는 이윽고 시인의 것이 되고 이는 삶에 반영될 것이다. 시인의 시가 다짐이고 약속이라고 하는 까닭이다.

겉으로 보기엔 한 시인의 작은 깨달음이지만 확장적으로 이 시를 해석하면 그 의미는 결코 작지 않다. 우리는 소유욕에서 자유롭지 못하다. 하나라도 더 가지려고 하고 더 쌓아두려고 한다. 그런 결과로 자연을 착취하게 되고 인간 서로가 착취와 피착취자로 나뉘며 빈부의 격차가 생기고 계급이 생기며 분쟁과 전쟁이 일상적으로 일어나게 된다. 설득하거나 계몽적 어조가 아니면서도 시가 지닌 상징적 의미는 그 울림이 독자에게 자연스럽게 전달되는 힘을 지녔다. "겉은 멀쩡한데/속은 이미 썩어들고 있"는 양파의 "성한 조각 골라/새콤하고 짭짤한 단맛을/적절히 섞어 끓인다." 조리과정을 거쳐 "양파의 물러진 삶이/다시 아삭아삭/혀끝에 되살아"나게 만든다. 그리하여 "적막이 묻은 식탁 위에/침 고이는 생기를 올려놓는다." 그리고 묻는다. "누구의 손길이/내 안에 물컹해진 부분을/이토록 되살려줄 수 있을까"(「무름 위에 핀 것들」)앞서 말한 대로 외적인 상황을 그려낸 다음 다시 그 시선을 시인 자신에게로 돌리는 모습이다. 살펴보면 작은 흠집이 있다고 우리는 물건을 버리고, 관계를 버리고, 나는 나를 포기하는 일이 허다하다. 그러나 훼손된 부분은 도려내고 성한 부분은 살려내어 거기에 양념을 하여 "아삭아삭/혀끝에 되살아"나게 만들 듯 우리

훼손된 삶도 갖은 정성을 쏟아 보수하고 손질하고 보살피면 살맛나게 할 수 있다는 암시를 하고 있다. 희망은 주어지는 것이 아니라 스스로의 노력으로 만들어내는 것이라는 깨달음을 확장적 의미로 내포하는 시라고 하겠다.

    도시의 껍질에 꽂힌 햇살
    스며들지 못한 채
    뚝뚝 부러져 튕겨 나온다

    푹신한 흙은 사라지고
    온통 콘크리트로 덮인 세상
    빛은 표면만 스쳐 되튀고
    여름은 사납게 숨을 헐떡인다

    긴 꽃자루 밀어 올리는
    질긴 생 하나 바닥을 뚫고 있다
    저 질경이 뿌리
    어디서부터 왔길래

    쇳덩이 바퀴에 갈려나가고
    발자국에 찢겨 으깨어져도
    더 넓게
    씨앗을 흩뿌리며

제 몸 나침반 되어
　　세상의 중심에
　　던지는가

　「중심을 향하여」

　시인이 바라보는 세상은 그 자체로 아름답고 그 자체가 진리이기도 하지만, 인간이 개입된 도시화, 문명화된 세계는 그렇게 아름답거나 순리에 맞게 흘러가진 않는다. "도시의 껍질에 꽂힌 햇살/스며들지 못한 채/뚝뚝 부러져 튕겨 나온다." 모든 생명의 근원이라고 할 수 있는 태양빛은 도시의 단단한 외피를 뚫지 못한다. "푹신한 흙은 사라지고/온통 콘크리트로 덮인 세상/빛은 표면만 스쳐 되튀고/여름은 사납게 숨을 헐떡인다." 간단한 서술인 것 같지만 도회지의 반생명적 환경을 한 문장으로 요약하였다. 햇빛은 빛이로되 생명활동을 도와주는 역할을 하지 못한다. 다시 빛은 반사되어 여름의 도회를 숨쉬기도 벅찬 폭염으로 헐떡이게 만든다. 시인이 파악한 외부세계는 이렇게 폭압적이거나 비생명, 반생명적 요소가 가득하다. 이 폭압적인 상황을 생명의 세계로 바꾸는 것은 아스팔트 그 견고한 바닥을 뚫고 자라난 질경이 풀 한 포기다. 그것은 "쇳덩이

바퀴에 갈려나가고/발자국에 찢겨 으깨어져도/더 넓게/씨앗을 흩뿌리며" 제 몸이 제 몸의 나침반이 되어 저 위를 향하여 더 넓은 세상, 중심을 향하여 자라 나아간다.

'문명 도시/자연 생명'의 대비적 이분 구도로 상황을 설정하여 강인한 생명력을 그려내는 이 시는 자기 자신에게 생명의지를 촉구하는 메시지로 읽을 수 있다. 뿐만 아니라 열악하고 나아가 지옥 같은 현실에서 절망하고 좌절하는 이들에게 주는 희망의 메시지로 읽을 수 있다.

시인이 바라보는 세상은 삭막하기 이를 데 없다. "텃밭이란 원래 그런 곳/눈 깜짝할 새 뽑히고 잘리고 따인다//세상이란 밭도 매한가지/말 못 할 시샘에 긁히고/뜻밖의 관심에 베이고"(「궁디 하나쯤은」) 마음은 얼룩져 버린다고 말한다. 시인은 그러한 세상의 한 단면을 "걸쭉하게 엉긴 하수구"에서 본다. 그 더럽고 지옥과 같은 풍경 속에서도 고마리꽃이 얼굴을 내민다. "악취 속에서도/수백 가닥 뿌리를 밀어/썩은 어제를 비집고/오늘을 피워 올린다" 시인이 그려낸 것처럼 고마리는 그렇게 더러운 하수구나 개울에 자라며 토양과 수질을 정화하며 앙증맞은 작은 꽃을 피워내는 식물이다. 시인은 "세상을/꽃밭으로 바꾸는 건/한 끗이었다."라고 시를 맺는다. 절망 속에서 좌절하는 삶과 그 절망을 딛고 일어나 제 생명에 애초 내장되어 있는 꽃을 피워내는 것은 사실 한 끗 차이에 불과하다는 메시지다. 극복의지가 있느냐 그렇지 않느냐의 차이로 시인은 바라보는 것이다. '악취 속에서 어제를 비집고 오늘을 피워내는 것이라는 것'이라는 문장은 스스로에게 하는 다짐이다. 그리고 절망의 어둠 속에 좌절하고 있는 수많은 사람을 위로하고 극복의지를 심어주는 희망의 메시지인 것이다.

　우리 생은 늘 만만치 않다. 명태가 동태가 되어 물에 잠겨 거품을 물고 맹렬히 끓어오를 때처럼 우리 삶은 불안하고 고통스럽고 앞이 보이지 않고 막막하다. "사는 일도 다르지 않"아서 우리가 동태탕에 부유하는 거품을 걷어내고 걷어내어야 얼큰하고 시원한 국물을 먹을 수 있듯이, "허울만 부유하는 세상/되감기는 생의 허기"를 달래자면 우리 안의 거품을 걷어내야 한다고 말하고 있다. "식은 관계엔 미소하나 건네고/요동치는 감정의 비늘/가만히 다독여 잠재워야" 하며 "목 끝까지 차오른/옳고 그름의 생각 부레/터뜨려야 한다//어슬렁거리는 마음 그늘/덩이째 덜어내야 한다."고 말한다. 이어 시인은 한 가지 충고를 덧붙인다. 침묵은 힘이라고 말이다. "침묵 한 알 삼키면/송곳처럼 돋던 마음 누그러지고/곰팡이처럼 번진 원망 녹아내려/햇살 아래 미움의 이끼 허물어진다.//천지사방에/평화의 꽃 피어난다."(「거품을 걷고 나면」)고 평화를 찾는 방법을 일러준다. 동태탕을 끓이는 사건을 매개로 하여 내면에 평화를 맞아들이는 삶의 지혜를 그려내고 있다. 이 역시 통속적이고 부박한 현실에서 스스로를 제어하고 극복하려는 스스로의 의지와 다짐을 노래한 것으로 읽힌다. 내면의 평화를 바라는 모든 이에게 전하는 시적 메시지라고 하겠다.

시인이 바라보는 이 세상은 지옥은 아니라 해도 불완전하고 갈등으로 미만彌滿해 있으며 서로 어긋나 있고 소통이 이루어지지 않아 메마르고 삭막한 곳이다. 시인은 여러 시편에서 소통의 중요성을 중심 메시지로 다루고 있음을 본다.

"220V 너의 콘센트에/110V 나의 플러그가 꽂"혀 "가슴팍을 찢는 섬광"이 일고 "머리끝까지" 격류가 뻗친다. "허락도 없이 맞물린/서로의 감정선"은 "감전보다 먼저 충돌이 번쩍"인다. 소통 불가의 상황이다. 서로 이질적인 인간들이 모여 사는 사회의 일상적 모습이다. 그러나 시인은 그것은 전압의 차이 때문으로, 단지 차이 때문이지 서로가 틀린 것은 아니라고 진단한다. "그늘 속에선 햇살이 사치였고/햇살 속에선 그늘이 불편했다/생각이 달랐을 뿐인데" 우린 서로 틀렸다고 믿고 우기는 바람에 충돌이 일어난다는 것이다. 소통이 이루어지지 않은 것은 이렇게 서로의 차이를 인정하지 않는 데서 비롯된다. "다름/그 다름을/받아들였더라면/이 소란도/마음 한가운데 터지는/불꽃놀이가 되었을 텐데"(「관계의 중앙선」)라고 서로 다름을 받아들이면 '섬광'과 '격류'와 '충돌', '벼락', '스파크' 대신 찬란한 불꽃놀이가 되었을 것이라 시인은 말한다. 차이를 인정함은 소통의 전제조건이고 또 그것은 공존과 공생의 전제가 됨을 말하고 있는 것이다. 스스로는 물론이고 우리 사회가 온전한 모습을 가지기 위해서 우리가 넘어서야 할 장애가 무엇인가를 보여준다.

시인은 디지털 시대의 불통 현상의 심각성을 우려한다. 특히 스마트폰이 일상의 모든 순간을 지배하는 것에 대해 크게 우려하는 것을 본다. "틈만 나면 숙인 고개는/사각지대 속에서/현실을 망각한 채//각자의 알고리즘 주파수 속/끝없는 나선에 빨려든다//손안엔/입 벌린 블랙홀이 있다."고 진단한다. 여기서 그치지 않고 "지구를 통째로/집어삼킬지도 모른다."고 경고하고 있다. 시인은 이어서 "녹색 화살표를/찾아야 한다."(「손안의 블랙홀」)며 화급히 비상구를 찾기를 처방하고 있다. 역설적이게도 기계와의 소통은 인간 간의 소통을 가로막고 있다는 진단이다.

소통을 위한 첨단 기술이기도 한 디지털

기기로 인하여 빚어지는 역설적인 불통은 「잘린 귀들」에서도 나타난다. "같은 햇살 아래 서 있지만/아무도 들으려 하지 않고/누구에게도 나는 들리지 않는다//저마다의 신호로/귓속을 꽉 채운 사람들/이어폰의 우주 안에서/서로 다른 위성처럼 떠다닌다."(「잘린 귀들」) 너나없이 귀에 이어폰을 끼고 살아가는 사회에서 흔히 경험하는 불통의 현상이다.

시인은 디지털 시대가 도래했다고 하지만 아직도 아날로그 시대가 역사 속으로 사라진 것은 아니라고 말한다. 또한 아날로그가 다 사라지지 않았으며 사라지지 않을 것이며 사라져서는 아니 될 것이라고 확언한다. 디지털 시대엔 "아바타 속 내가/진짜 나를 잊게 한다"고 진단하는데 디지털 시대의 소통은 나 대신 아바타가 나서서 한다는 뜻이겠다. 실제의 내가 아닌 것이다. 따라서 시인은 당당하게 선언적으로 말한다. "나는 아날로그다." 그렇다고 시인이 디지털 시대를 부정하는 것은 아니다. 아날로그만을 고집하는 것만도 아니다. 디지털과 아날로그가 간격을 유지하며 다정하게 공존하는 것이 원만한 소통을 가능케 한다고 말한다. "같은 시대/각자의 언어/각자의 속도로 건너간다//그 간격 속에서/우리는/다정하게 엇갈리며 공존한다."(「같은 시간 다른 속도」)고 간파하는 것이다. 불통의 시대, 갈등의 시대에서 공존과 공생을 도모하며 살아가는 지혜가 아닐 수 없다.

 언젠가는 쓰일 거라 여겨
 수납장에 쑤셔 넣은 물건들
 쿰쿰한 냄새가 고개를 든다

 입혀질 날 기다리며
 옷걸이 자국만 남은
 트렌치코트

 먹을 때 있겠지 하며
 냉동실에 얼려둔
 이름 모를 검은 봉지

 나아질 것이라 믿으며
 속으로만 맴돌던 관계

 버리자니 아깝고
 안고 가자니 버거운
 나름의 의미를
 부여하며 살아왔지만

 다 비워내고 나면
 남는 건

알맹이다

　　필요한 것만 남겨도
　　모자라지 않는 것이
　　인생이라는 장사

　　「남는 장사」

　시인은 삶을 살아가는 데 인간이 겪는 고통과 번민의 많은 부분이 모자라서라기보다는 넘쳐서, 더 채우려고 하는 욕망에서 비롯되었음을 간파하고 있다. 인간의 궁극적 목적이 무엇인가 꾸준히 탐구하는 과정이 시인의 시적 사유라 하겠다. 삶에서 겪는 고통과 불통 갈등은 알고 보면 인간 스스로가 만들어낸 것이며 그것을 해결하는 것도 인간의 선택에 의해 가능하다는 것을 시인은 은연중 암시하고 있다. 수납장에서 쿰쿰한 냄새를 풍기는 오래된 물건들, 옷장 속의 오래된 옷들, 냉장고 속에 보관되어 있는 얼린 음식들 "나름의 의미를 부여하며 살아왔지만" "버리자니 아깝고/안고 가자니 버거운" 것들이다. 이것은 비단 물건에만 해당되지 않는다. "사람 사이사이에는/진드기보다 더 집요한/포식자들로 들끓는다//뼛속까지 파고든/잇속의 갈퀴가/살결을 갉아 피를 빨아댄다.//불구덩이에 던져 넣어야만/털처럼 타오르는 탐욕의 그림자"(「숨은 이빨」)에서 보듯이 인간관계도 마찬가지다.

   이것은 현명한 선택이 요구되는 상황이다. "다 비워내는" 선택의 지혜가 절실하다. 불필요한 것들을 비워냈을 때 그때 남는 것이 알맹이, 본질 아니겠는가. 그래서 시인은 "필요한 것만 남겨도/모자라지 않는 것이/인생이라는 장사"라 하는 것이다. 이는 스스로의 경험을 통해 얻은 지혜를 보편적인 그것으로 확장시킨다. 공감의 힘이다. 문명사회를 살아가는 현대인에게 사소하지만 근본적인 문제이기 때문이다. 인간의 끝없는 소유욕망에 대한 성찰이며 그로부터의 해방의 길을 제시하는 처방전이라 하겠다.

   시인의 시에서 추구하고 탐구하는 삶의 지혜는 세상을 살아가는 처세술과는 다른 좀 더 깊은 철학적 사유에 뿌리를 두고 있다.

>다져진 땅을 열고
>마른 퇴비를 섞었다
>
>토마토 가지 옥수수
>모종을 잔뿌리 한 가닥
>다치지 않게 고이 앉혔다
>
>풀포기에 불과한

모종 하나에도
이토록 품을 기울이는데

하물며
사람과 사람이 만나
자리를 내어주고
뿌리 내린다는 건

내 안의 세계와
또 다른 세계가 마주 앉는 일

온 우주를
통째 건네는 일

「맞이한다는 건」

 토마토 가지 옥수수 모종은 기실 풀포기에 불과할 수도 있다. 그러나 그 모종을 땅에 심기 위해 땅을 파서 고르고 퇴비를 섞어준다. 그리고 잔뿌리 하나 다치지 않게 심어준다. 풀포기도 생명이라는 생각, 이 풀들이 인간의 생명에 이어진다는 생각이 있지 않으면 안 되는 일이다. 또한 모종과 흙이 만나는 것은 하나의 세계와 또 하나의 세계가 만나는 일이다. 풀 한 포기와 흙 한 줌이 만나는 일에도 거기에 가장 중요한 것이 정성이라고 시인은 말하고 있다. 사유를 더욱 확장시켜 보자. 풀 한 포기를 심는 일도 그러할진대 사람과 사람이 만나는 일은 오죽하겠는가. "하물며/사람과 사람이 만나/자리를 내어주고/뿌리 내린다는 건" 그야말로 "내 안의 세계와/또 다른 세계가 마주 앉는 일"이어서 "온 우주를/통째 건네는 일" 즉 우주적 사건이 아닐 수 없다. 사물을 맞이하는 일부터 시작하여 인간이 인간을 맞이하는 자세를 말해주는 이 언술은 단순한 처세술이 아니라 인간의 전인격적인 삶의 태도가 담긴 근본적 철학에 바탕을 둔 것이라고 하겠다.

시인이 경험하고 관찰한 외부세계는 디스토피아에 가깝다. 때론 추하고 절망적이며 소통이 되지 않는 불통의 세상이며 삭막하고 냉혹하다. 시인은 외부세계를 탓하고 원망하며 비판하기에 앞서 먼저 욕망의 부피를 줄이고 성찰의 자세로 비워내며 제 몸이 세상의 중심을 가리키는 나침반이 되고자 한다. 부조리하고 불합리한 세상 속에서 경험을 통하여 깨달음과 지혜를 찾아내고 자신의 삶을 정화시키고 고양시키며 승화시킨다. 정성을 다하여 "온 우주를 통째로 건네는" 자세로 사물과 사람을 맞이하며 소통하고 공존하고 공생하는 세계를 꿈꾼다. 시인의 시는, "아무도 모르게/밤마다 창문 넘어와/서리 핀 심장을 훔쳐"내고 "서늘하게 패인 속골에/퀘이사 한 알 심어"주며 "무너지지 말라고/빛의 심장에 서라고"(「시리우스의 밤」) 속삭이는 시리우스별이다.